Bibliografische Information der Deutschen Nationalbibliothek:

Die Deutsche Bibliothek verzeichnet diese Publikation in der Deutschen National-
bibliografie; detaillierte bibliografische Daten sind im Internet über http://dnb.d-
nb.de/ abrufbar.

Impressum:

Copyright © 2019 GRIN Verlag
Druck und Bindung: Books on Demand GmbH, Norderstedt Germany
ISBN: 9783346178510

Dieses Buch bei GRIN:

https://www.grin.com/document/596261

Jens Spaniel

Mobbing in Behörden

GRIN Verlag

GRIN - Your knowledge has value

Der GRIN Verlag publiziert seit 1998 wissenschaftliche Arbeiten von Studenten, Hochschullehrern und anderen Akademikern als eBook und gedrucktes Buch. Die Verlagswebsite www.grin.com ist die ideale Plattform zur Veröffentlichung von Hausarbeiten, Abschlussarbeiten, wissenschaftlichen Aufsätzen, Dissertationen und Fachbüchern.

Mobbing in Behörden

Schriftliche Ausarbeitung an der
Hochschule des Bundes für öffentliche Verwaltung
Fachbereich Allgemeine Innere Verwaltung

Modul 5: Psychologie, Soziologie und Pädagogik
Studiengebiet: Sozialwissenschaftliche Grundla-
gen des Verwaltungshandelns

Themenstellung am: 19.10.2018
Bearbeitungsbeginn: 19.10.2018
Vorgelegt am: 15.02.2019

Inhaltsverzeichnis

Abbildungsverzeichnis...I

Abkürzungsverzeichnis...II

1   Einleitung und Problemstellung...1

2   Definition...1

3   Ursache und Entstehung..2

3.1   Verschiedene Mobbingarten...3

3.1.1   Bossing 4

3.1.2   Cyber-Mobbing 4

3.1.3   Soziales Mobbing 5

3.1.4   Verbales Mobbing...5

3.1.5   Straining – das neue Mobbing...5

3.2   Verlauf..6

3.2.1   Phase 1 – Konflikte 6

3.2.2   Phase 2 – Mobbing etabliert sich...6

3.2.3   Phase 3 – Destruktive Personalverwaltung...........................7

3.2.4   Phase 4 – Der Ausschluss..7

3.3   Mobbing in deutschen Behörden...8

3.3.1   Persönliche Empfindungen von Mobbing..............................8

3.3.2   Vorkommen von „Mobbing" in deutschen Behörden 9

3.3.3   Mobbingklima in deutschen Behörden.................................10

3.3.4   Präventionsmaßnahmen gegen Mobbing............................11

4   Schlusswort/Fazit..11

5   Literaturverzeichnis 13

6   Quellenverzeichnis..14

7   Anlagen 15

8   Anlage 1 16

9   Anlage 2 18

10   Anlage 3 25

Abbildungsverzeichnis

Abbildung 1: Kenntnis über Mobbing-Arten... 4

Abbildung 2: Vier-Phasen-Modell.. 5

Abbildung 3: Anzahl Mobbing I.. 9

Abbildung 4: Anzahl Mobbing II... 9

Abbildung 5: Präventionsmaßnahmen 11

Abkürzungsverzeichnis

Abkürzung   Abkürzungsbezeichnung

Abb. ....   Abbildung

BmFSFJ ....   Bundesministerium für Familie, Senioren, Frauen und Jugend

bzw. ....   beziehungsweise

div. ....   diverse(n)

etc. ....   Et cetera („und die üblichen [Dinge]")

evtl. ....   eventuell

Nr. ....   Nummer

o.J. ....   ohne Jahr

o.u. ....   oder/und

o.V. ....   ohne Verfasser

S. ....   Seite

teilw. ....   teilweise

vgl. ....   vergleiche

z.B. ....   zum Beispiel

1 Einleitung und Problemstellung

Das Thema „Mobbing in Behörden" ist ein interessantes Thema, da der Begriff Mobbing einen großen Spielraum für die eigene Auslegung offen lässt. Da Mobbing in den täglichen Sprachgebrauch übergegangen ist, findet eine Verwendung häufiger statt, als es das Thema überhaupt definiert. So werden bereits Kleinigkeiten als Mobbing bezeichnet und eine Einordnung der Situation für wahre Mobbing-Opfer erschwert. Aufgrund dieser Überbenutzung des Wortes ist grundlegend erst einmal zu klären, was Mobbing überhaupt bedeutet und wie es entsteht. Hierzu muss das Mobbing erst in verschiedene Arten definiert werden, welche sich im Laufe der Zeit und Weiterentwicklung der Technik auch immer weiter angepasst haben. Sobald es zu Mobbing kommt, wird ein Prozess in Gang gesetzt, welcher sich nur schwer stoppen lässt. Damit ein solcher Prozess abläuft, kommt es auch auf die Empfindung eines Einzelnen an, was man demnach als Mobbing betrachtet oder ab welchem Zeitpunkt man sich gemobbt fühlt. Im Rahmen der Hausarbeit wird der Bezug von Mobbing prioritär auf die deutschen Behörden gelegt, da Mobbing in Behörden bereits seit einigen Jahren ein Thema ist. Mit der Einführung von Präventionsmaßnahmen wollte man das Thema und letztendlich die Mobbingfälle beseitigen. Daher soll nun aufgezeigt werden, ob Mobbing noch immer in Behörden vorkommt und wie die Mitarbeiter Informationen zu Präventionsmaßnahmen erhalten. Zu dem Hausarbeitsthema wurde eine Online-Umfrage (Anlage 2) durchgeführt, wo 94 Teilnehmer von Bundes- und Kommunalebene aus div. Behörden teilgenommen haben. Auf Landesebene gab es hier keine Rückmeldung, bzw. Teilnahme an der Umfrage.

2 Definition

Die Frage, wie viele Menschen von Mobbing betroffen sind, stellt sich immer wieder - Hierauf muss man mit einer Gegenfrage antworten: Wie soll man Mobbing definieren o.u. bemessen? (vgl. Leymann, 2009)

Der Begriff Mobbing (Substantiv „Mob") kommt aus dem Englischen und bedeutet so viel wie „der Pöbel, die Horde, das Gesindel". (vgl. Ausfelder, 2001) Mit dem Begriff Mobbing ist eine negative kommunikative Situation gemeint, die für einen Einzelnen* gravierende psychische und somit auch körperliche Folgen mit sich bringen kann. (vgl. Leymann, 2009) So kommt es nicht von ungefähr, dass das Wort „Mobbing" sehr eingängig klingt und sich in der Arbeitswelt einfach und schnell mit „Psychoterror

---

* Zur Vereinfachung der Lesbarkeit wird auf das Gendering in der Hausarbeit verzichtet und die männliche Form benutzt. Mit der Nutzung der männlichen Form ist die weibliche Form inbegriffen.

am Arbeitsplatz" übersetzen lässt. (vgl. Ausfelder, 2001) Bei solch einer Situation handelt es sich um einen Handlungsablauf, wo allerdings einzelne Handlungen erst dann zum Mobbing werden, wenn sie sich ständig wiederholen. (vgl. Leymann, 2009) Die allgemeine Definition von Heinz Leymann hierzu lautet: „Der Begriff Mobbing beschreibt negative kommunikative Handlungen, die gegen eine Person gerichtet sind (von einer oder mehreren anderen) und die sehr oft und über einen längeren Zeitraum hinaus vorkommen und damit die Beziehung zwischen Täter und Opfer kennzeichnen". (Leymann, 2009, S. 21) Leymann definiert hier als „längeren Zeitraum" eine Dauer von mindestens einem halben Jahr. Übergriffe, die nur einmal oder vereinzelt vorkommen, sind demnach lediglich bloße Unverschämtheiten oder dumme Scherze. (vgl. Leymann, 2009) Es gilt aber auch zu betrachten, welche Wirkung die Handlungen haben, also mit welcher Härte sie eingesetzt werden, was das Ziel ist und wie diese von dem Betroffenen* wahrgenommen werden. Diesbezüglich kann Mobbing daher auch schon in einer kürzeren Zeitspanne auftreten. (vgl. Wehrle, 2012) Da die persönliche Einstellung per Humor und Toleranz auch eine Rolle spielt, darf man aber nicht bei jeder Handlung, auch wenn sie vermehrt vorkommt, direkt von einem beginnenden Mobbingprozess ausgehen, da die Handlung letztendlich „nur ein dummer Büroscherz" sein kann. (vgl. Honsa, 1999) Jeder Einzelfall muss separat auf Mobbing bewertet werden und kann nicht verallgemeinert werden. (vgl. Leymann, 2009)

3   Ursache und Entstehung

Die psychische Belastung am Arbeitsplatz nimmt im Verhältnis zur körperlichen Beanspruchung unverhältnismäßig stark zu und Themen wie Betriebsklima, Stress und Ängste am Arbeitsplatz, sowie die Führungsstile nehmen einen zunehmend großen Raum ein. (vgl. Beermann & Meschkutat, 1995) Dabei kommt es schon einmal zu Konflikten, welche aus Kleinigkeiten und Banalitäten entstehen können. Werden solche Konflikte nicht geklärt, schwelen sie weiter, werden größer und schließlich kann aus einem solchen Konflikt Mobbing werden. (vgl. Ausfelder, 2001) Meistens treten die Konflikte, welche zu Mobbing führen, bereits in den ersten Monaten nach Antritt einer neuen Stelle auf, was aber keine Aussage für die zeitliche Entstehung für Mobbing ist. Auch jahrzehntelange Betriebszugehörigkeit schützt nicht vor Mobbing oder schwierigen Situationen. (vgl. Dick, 2001) Mobbing kann es daher jederzeit und überall geben, wo Menschen über längere Zeit in Gruppen zusammenkommen. Besonders Randgruppen und Minderheiten – jeder der etwas

„anders" ist – sind mobbinggefährdet. In eine solche Randgruppe hinein-zukommen geht manchmal schneller als man denkt. Hierfür gibt es un-zählige Merkmale, die einen im Alltag zum Außenseiter abstempeln kön-nen und es wird schnell klar, dass es jeden treffen kann, denn wir alle sind auf die eine oder andere Weise eigenartig. Dann sind es genau diese Eigenartigkeiten, welche jemandem in Auseinandersetzungen zum Nachteil aufgezeigt werden können. Daher ist die Zugehörigkeit zu Grup-pen und deren Zusammenhalt immens für das Selbstwertgefühl eines Individuums wichtig. Aber auch wenn man zu einer Gruppe gehört, ist man hier meist einer Rang- und Hackordnung ausgesetzt, wodurch die Aggressionen in der Gruppe reguliert und kanalisiert werden. Das Gefühl des Zusammenhalts soll gefestigt werden und dafür bedarf es eines Geg-ners – innerhalb oder außerhalb der Gruppe. So befindet sich derjenige, der sich am meisten von der Gruppe unterscheidet, zumeist in der Opfer-Rolle. (vgl. Ausfelder, 2001)

Ganz allgemein ist die Entstehung von Mobbing mit einem Brand zu ver-gleichen: Erst funkt es (Konflikt), dann kokelt das Feuer vor sich hin und dann brennt es lichterloh. Umso früher man hier eingreifen kann, umso besser sind die Chancen beim Löschen. (vgl. Wehrle, 2012)

3.1 Verschiedene Mobbingarten

Anhand von 300 Untersuchungen hat Heinz Leymann 45 Mobbinghand-lungen (Anlage 1) erarbeitet. Die tatsächliche Anzahl der Mobbinghand-lungen geht aber hierüber hinaus und ist zahlenmäßig nicht beschränk-bar. (vgl. Esser, 2000) Diese Handlungen können auf verschiedene Ar-ten verübt werden und jeder ist eine eigene Bedeutung zuzuschreiben. (vgl. Leymann, 2009) Aus der durchgeführten Online-Umfrage zu dem Thema „Mobbing in Behörden" (Anlage 2) ist ersichtlich, dass Mobbing-Arten bekannt, aber auch noch immer teilweise unbekannt sind (Abb. 1).

Unter den Teilnehmern haben welche die genannte/n Mobbing-Art/en selbst erlebt o.u. selbst praktiziert.

Abbildung 1: Kenntnis über Mobbing-Arten (Online-Umfrage – Anlage 3)

7. Sagen Ihnen die folgenden Begriffe etwas? *

Anzahl Teilnehmer: 94

	ja		nein		selbst erlebt		selbst praktiziert	
	Σ	%	Σ	%	Σ	%	Σ	%
Bossing	45x	47,87	49x	52,13	6x	6,38	-	-
Cyber-Mobbing	93x	98,94	1x	1,06	3x	3,19	1x	1,06
Gesten-Mobbing	38x	40,43	56x	59,57	3x	3,19	-	-
Macht-Mobbing	61x	64,89	33x	35,11	7x	7,45	-	-
Verhaltens-Mobbing	54x	57,45	40x	42,55	3x	3,19	2x	2,13

Die verschiedenen Arten von Mobbing, die nachfolgend betrachtet werden, sind nur einige der Möglichkeiten, wie Mobbing passieren kann.

3.1.1 Bossing

Bei Bossing handelt es sich um eine spezielle Form des Mobbings, welche ausschließlich zwischen Vorgesetztem und Mitarbeiter vorkommt. Die Mobbing-Handlungen des Vorgesetzten gegenüber dem Mitarbeiter sind dabei meist willkürlich und höchst verletzend. Das Mobbing-Opfer ist hier untergeordnet und hat nicht die gleiche Macht sich zu wehren. Man spricht auch von „downward bullying", also der Schikane von oben nach unten. (vgl. Mai, 2018)

3.1.2 Cyber-Mobbing

Von Cyber-Mobbing wird gesprochen, wenn die Mobbing-Handlungen im Internet, aber auch in Social Communities o.u. auf Videoplattformen vorkommen. Cyber-Mobbing kann verschiedene Formen annehmen, z.B. die Veröffentlichung von diffamierenden Fotos/Videos oder Erstellung von Chatforen zwecks Lästerei über bestimmte Personen. Auch der regelmäßige Versand von Nachrichten, Daten, etc. unter dem Namen des Mobbing-Opfers zählt hierzu. Die Wege des Mobbings haben sich in den vergangenen Jahren stark verändert. Konflikte werden zunehmend über

Kommunikationsmedien ausgetragen, was das Leid der betroffenen Person aufgrund fehlender Fluchtmöglichkeit erheblich verstärkt. Bei Mobbing über Kommunikationsmedien erhalten direkt eine große Anzahl von Personen aus der Öffentlichkeit und in der Behörde Kenntnis hierüber und die Nachhaltigkeit währt länger. (vgl. BmFSFJ, 2018)

3.1.3 Soziales Mobbing

Bei sozialem Mobbing handelt es sich um eine der unbekanntesten und wahrscheinlich am meisten genutzten Art des Mobbings. Es handelt sich hierbei um den Ausschluss aus einer Gruppe, wo man evtl. dachte, dass man dazugehört. Es ist eine heikle Form des Mobbings, bei der man auf die Personen, mit denen man arbeitet, nicht zählen kann. Es wird einem der Rücken zugekehrt o.u. man wird ausgegrenzt. (vgl. o.V., 2017)

3.1.4 Verbales Mobbing

Verbales Mobbing kann alles sein, von Beleidigungen zu Witzen über sexuelle Orientierung, physische Eigenschaften, Schwachstellen, Ticks oder die Herkunft. Ziel des verbalen Mobbings ist es, das Selbstwertgefühl des Mobbing-Opfers zu senken. (vgl. o.V., 2017)

3.1.5 Straining – das neue Mobbing

Der Begriff „Straining" hat den Weg in die deutsche Arbeitswelt noch nicht gefunden, bedeutet aber eine schwerwiegende psychische o.u. auch physische Belastung/Strapazierung durch ein einmaliges Ereignis. Durch dieses einmalige Ereignis erleiden die Opfer Gesundheitsschäden o.u. Schäden im Selbstbewusstsein. Durch „Straining" werden die bisher nicht rechtlich berücksichtigten Mobbingfälle erfasst. (vgl. Hartmann, o.J.)

Abbildung 2: Vier-Phasen-Modell

(Leymann, 2009)

5

3.2 Verlauf

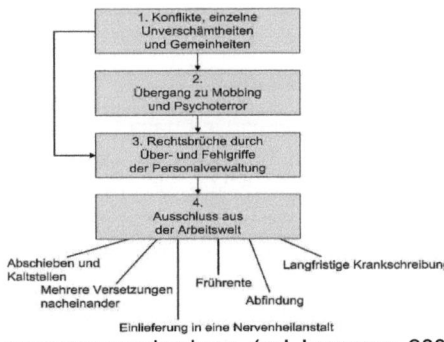

Viele Mobbingfälle haben immer einen gleichen Verlauf - dieser muss aber nicht unbedingt zwangsläufig sein. Hierzu wurde ein Vier-Phasen-Modell gefertigt (Abb.2), wo das Mobbing-Opfer alle vier Phasen eines Mobbingprozesses durchläuft, wobei die zweite Stufe übersprungen werden kann. (vgl. Leymann, 2009)

3.2.1 Phase 1 – Konflikte

Überall, ob am Arbeitsplatz oder im Privatleben entstehen Konflikte - sei es durch Meinungsverschiedenheiten, Streitigkeiten, Machteinfluss oder Ungerechtigkeiten. Viele dieser Konflikte sind unnötig und führen nicht gleich zu Mobbing, sind aber auch nötig, da in der Vergangenheit auch viele positive Veränderungen durch Konflikte entstanden sind. Das heißt, dass ohne konstruktive Konflikte keine wesentlichen Veränderungen möglich sind. Nur ein geringer Anteil von Konflikten führt tatsächlich zu Mobbing und dennoch liegt die Zahl der Betroffenen allein in Deutschland bei weit über einer Million. (vgl. Leymann, 2009)

3.2.2 Phase 2 – Mobbing etabliert sich

Die zweite Phase ist die sogenannte „Möglichmacher-Phase". Mobbing kann sich nämlich nur etablieren, wenn sich nicht um Konflikte gekümmert wird, also Vorgesetzte schon früh hätten eingreifen können. (vgl. Leymann, 2009) Doch die Mitschuld wird nicht bei den Vorgesetzten gesucht, denn Mobber Nummer Eins ist nicht der Vorgesetzte – es ist der Kollege. (vgl. Wehrle, 2012) In der sehr entscheidenden zweiten Phase wird das Mobbing-Opfer fertig gemacht. Durch den in Phase 1 nicht gelösten und weiterhin anhaltenden Konflikt tritt eine Störung zwischen dem Mobbing-Opfer und seinem sozialen Umfeld ein, wodurch das Mobbing-Opfer in eine Verteidigungsrolle gerät und Kontakte zu den Kollegen nicht mehr pflegen kann. Das Sozialverhalten sinkt und je nach Person ändert sich der eigene Charakter negativ und zuletzt leidet die Lust und hierdurch die Arbeit darunter. (vgl. Ausfelder, 2001) Die zweite Phase kann übersprungen werden, wenn z. B. der Vorgesetzte das Mobbing-Opfer nach einem Konflikt in Phase 1 direkt „entsorgt". (vgl. Leymann, 2009)

3.2.3 Phase 3 – Destruktive Personalverwaltung

Die Auswirkungen des in Phase 1 entstandenen und in Phase 2 fortgesetzten Konflikts kommen irgendwann auf den Tisch des Vorgesetzten oder der Personalabteilung. Diese Auswirkungen zeigen sich dadurch, dass die Arbeitsleistung des Mobbing-Opfers abgenommen hat o.u. die Fehlzeiten aufgrund des schlechten Klimas drastisch zugenommen haben. (vgl. Ausfelder, 2001) „Die Entwicklung in Richtung eines Ausschlusses aus dem Berufsleben nimmt ihren Lauf." (Leymann, 2009, S. 62) Da die Arbeitsleistung nicht mehr erbracht werden kann, sieht man nun in dem Mobbing-Opfer den „Unfähigen" o.u. den „Versager". (vgl. Leymann, 2009) Es wird als „schwierig" o.u. als „Störfaktor" angesehen, wodurch die Versetzung oder sogar die Androhung der Kündigung erfolgt. Sofern das Mobbing-Opfer nun ein gerichtliches Verfahren vor dem Arbeitsgericht anstrebt, wird der Fall in der ganzen Behörde bekannt. Da sich ein solcher Fall herumspricht, nimmt der psychische Druck auf das Mobbing-Opfer zu und es hat nun keine Chance mehr, wodurch es immer mehr aus den täglichen Abläufen unter den Kollegen ausgeschlossen wird. (vgl. Ausfelder, 2001)

3.2.4 Phase 4 – Der Ausschluss

In der vierten Phase folgt das „Kaltstellen" des Mobbing-Opfers, bzw. die Kündigung. (vgl. Leymann, 2009) Der Arbeitgeber will den Störfaktor loswerden und in den meisten Fällen endet dies in einer Kündigung. (vgl. Ausfelder, 2001) Sofern Gründe für eine Kündigung fehlen, wird versucht das Mobbing-Opfer kalt zu stellen, indem man es ständig versetzt, von anderen Kollegen isoliert o.u. unnötige oder keine Arbeitsaufträge zuweist. (vgl. Leymann, 2009) Hierdurch soll die eigene Kündigung des Mobbing-Opfers erzwungen werden. Da das Mobbing-Opfer daher noch immer unter enormen psychischen Druck steht, kündigt es selbst, bzw. geht es auch einen Auflösungsvertrag ein. (vgl. Ausfelder, 2001) Eine neue Arbeitsstelle zu finden ist äußerst schwierig, da die Vorgeschichte anhand der Personalakte o.u. eines Arbeitszeugnisses nicht verheimlicht werden kann. (vgl. Leymann, 2009) Die psychische Belastung steigt daher um so weiter, sodass ein Mobbingprozess nach Schätzungen zufolge in rund 20 % mit einem Suizid endet. (vgl. Ausfelder, 2001)

3.3 Mobbing in deutschen Behörden

Im Vergleich verschiedener Branchen scheint Mobbing eher ein Problem im öffentlichen Bereich zu sein. (vgl. Zapf, 1999) In Behörden, wo die Menschen mehr mit dem Kopf als mit den Händen arbeiten müssen, findet eher das versteckte Mobbing statt. Hier schlagen die Mobber meistens zu, ohne Spuren zu hinterlassen. Sie isolieren, diffamieren und terrorisieren ihr Opfer, bis es reif für die Nervenklinik ist. Aber wie werden die Grenzen, wann ein Witz nicht mehr lustig, sondern verletzend ist oder wann der üble Spaß aufhört und Mobbing beginnt, also erkannt? Sobald das Mobbing-Opfer aufschreit, wird es als „überempfindlich" oder „unkollegial" hingestellt und die Rollen zwischen Täter und Opfer sind schnell vertauscht. (vgl. Wehrle, 2012)

3.3.1 Persönliche Empfindungen von Mobbing

„Man kann nicht einfach die Leute fragen, ob sie sich durch eine Handlung gemobbt fühlen würden, denn dann antwortet jeder bezüglich dessen, was er eben unter Mobbing verstehen will." (Leymann, 2009, S. 82) Gemäß der in deutschen Behörden durchgeführten Online-Umfrage (Anlage 2) ist genau dieses zu erkennen. In einem Fragenkatalog der Umfrage konnte bei mehreren Fallbeispielen (teilw. aus den „45 Handlungen" von Leymann [Anlage 1] entnommen) angekreuzt werden, ob man diese genannte Handlung als „Mobbing" empfindet oder nicht (Anlage 3, Nr. 8). Der größte Meinungsunterschied ergab sich hier bei dem Fall „Mein Chef gibt anderen Kollegen bessere Arbeitsaufträge", da 51,06 % sich hierdurch gemobbt fühlen. Am meisten fühlen sich die Befragten in dem Fall „Ein Kollege führt Statistik über mich" mit 89,36 % gemobbt, dicht gefolgt von dem Fall „Hinter meinem Rücken wird negativ über mich gesprochen" mit 81,91 %. Bei dem zweigeteilten Fall „Ein Kollege sagt nie Guten Morgen" fühlen sich nur 1,06 % gemobbt, wenn dieser Kollege auch keinem anderen einen „Guten Morgen" wünscht, aber 75,53 % der Befragten fühlen sich gemobbt, wenn dieser Kollege nur dem Befragten keinen „Guten Morgen" wünscht. Im Gesamtergebnis sind sich die Befragten weitestgehend darüber einig, welche Handlungen man als „Mobbing" werten kann oder nicht. Bei jedem Fall ist aber zu erkennen, dass ein Individuum eine solche vorkommende Situation anders empfindet und sich im Gegensatz zu anderen Personen gemobbt oder nicht gemobbt fühlen würde.

3.3.2 Vorkommen von „Mobbing" in deutschen Behörden

Die bereits erwähnte Online-Umfrage (Anlage 2) sollte auch Aufschluss darüber bringen, ob Mobbing in deutschen Behörden noch immer vorkommt, bzw. ein aktuelles Thema ist. Bei 94 Teilnehmern aus teilweise verschiedenen Behörden auf Kommunal- und auf Bundesebene kam heraus, dass ca. 39 % (37 Angaben) selbst gemobbt werden, bzw. Kenntnis über Mobbing an Kollegen haben. In der Angabe „Andere" wurden ausnahmslos Angaben über bestehende Mobbingprozesse genannt (Abb.3).

Abbildung 3: Anzahl Mobbing I (Online-Umfrage – Anlage 3)

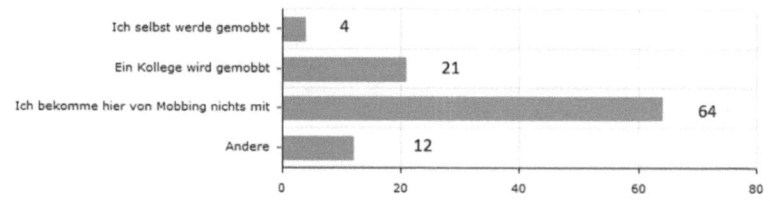

Abbildung 4: Anzahl Mobbing II (Online-Umfrage – Anlage 3)

Des Weiteren teilten acht Teilnehmer (8,51 %) mit, dass sie selbst im Jahr 2018 jemanden absichtlich oder unabsichtlich gemobbt haben (Abb.4), wobei hier keine näheren Angaben zur Schwere, Dauer und Art des Mobbings gemacht wurden.

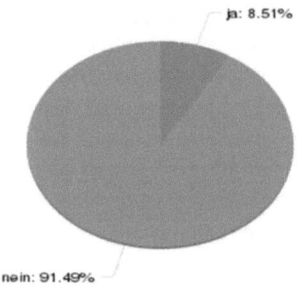

In der Umfrage wurde außerdem ein in mehrere Abschnitte getrennter Fragebogen, welcher gemäß der Vorlage „Werde ich gemobbt?" aus der Literatur „Honsa (2008): Mobbing und sexuelle Belästigung im öffentlichen Dienst", dieser gemäß der Mobbinghandlungen von Heinz Leymann erstellt, verwendet und zur Beantwortung gegeben. Wenn man hier eine oder mehrere dieser Handlungen mit „trifft zu" beantwortet hat, so ist dieses ein Anzeichen für das Vorliegen von „Mobbinghandlungen". (vgl. Honsa, 2008) Aus dem Gesamtergebnis (Anlage 3, Nr. 9 – 13) ist zu erkennen, dass Mobbinghandlungen in den div. Bundesbehörden vorliegen. Ob es sich nun wirklich in den jeweiligen Fällen um Mobbing handelt, würde im Einzelfall einer Entscheidung der Gerichte vorbehalten bleiben. (vgl. Honsa, 2008)

3.3.3 Mobbingklima in deutschen Behörden

In der durchgeführten Online-Umfrage wurde ein leicht abgewandelter Test der Bundesanstalt für Arbeitsschutz und Arbeitsmedizin (BAuA), aus der Literatur „Honsa (2008): Mobbing und sexuelle Belästigung im öffentlichen Dienst", zur Beantwortung eingestellt. Dieser Test gibt Aufschluss darüber, ob in dem Arbeitsumfeld, hier Behörden, ein Mobbingklima herrscht. Wenn man nun wieder das Gesamtergebnis der Online-Umfrage betrachtet (Anlage 3, Nr. 14), treffen sämtliche Fälle in verschiedener Anzahl „zu", „nicht zu" und „teilweise zu". Eine Einzelauswertung der hier 93 Teilnehmer ist daher notwendig. Gemäß der vorgenannten Literatur ist das Ergebnis in drei Kategorien, bzw. Mobbingklimata zu unterteilen:

1. In der Behörde zu arbeiten ist kein reines Vergnügen. Es gibt zu viele Reibungs- und Konfliktpunkte, welche zum Tagesgeschehen dazugehören und in Mobbing ausarten können.

2. Die Stimmung in der Behörde ist äußerst gespannt. In dieser Behörde sind „Aggressionen" und „Konflikte" vorprogrammiert o.u. unvermeidlich.

3. Das Klima ist im Großen und Ganzen in Ordnung. Kleine Konflikte sind unvermeidlich, aber solange man sie nicht ignoriert, kein Grund für ein Mobbingklima.

Folgende Anzahl an Fällen verteilen sich auf das zugehörige Mobbingklima:

Zu 1.: 15 Teilnehmer

Zu 2.: 34 Teilnehmer

Zu 3.: 44 Teilnehmer

3.3.4 Präventionsmaßnahmen gegen Mobbing

In erster Linie kann Mobbing leicht beendet werden, wenn man denn etwas hiergegen unternimmt. Der Betroffene kommt, wie bereits zuvor erwähnt, aus einem Mobbingprozess nur schlecht wieder heraus, sodass es der Einschaltung einer dritten Instanz bedarf – bestehend aus Vorgesetztem o.u. Personalrat. Hierzu wird ein vertrauenswürdiger Kommunikationszweig in einer Behörde benötigt, wo die Mobbingproblematiken mitgeteilt werden können. Aber bereits im Vorfeld kann Mobbing entgegengewirkt werden und zwar durch Informationen und Aufklärung mit evtl. Diskussionsrunden. Nur durch die Schaffung von formellen Wegen (Kommunikationsmöglichkeiten) und der Bereitstellung von Informations- und Aufklärungsmaßnahmen kann Mobbing nachhaltig entgegengewirkt werden. (vgl. Leymann, 2009)

In der Online-Umfrage wurden die Teilnehmer befragt, ob Kenntnisse über Mobbingpräventionsmaßnahmen in der jeweiligen Behörde bekannt sind o.u. wie zufrieden sie mit diesen Maßnahmen sind. Im Ergebnis (Abb.5) ist zu erkennen, dass Präventionsmaßnahmen in den Behörden nicht wirklich vorhanden sind und falls sie vorhanden sind, diese unbefriedigend, unzureichend   oder teilweise unbekannt sind.

Abbildung 5: Präventionsmaßnahmen (Online-Umfrage – Anlage 3)

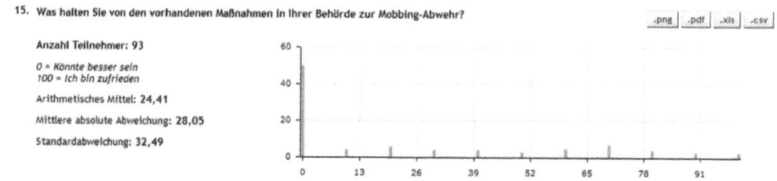

4   Schlusswort/Fazit

Viel zu oft wird im täglichen Sprachgebrauch das Wort „Mobbing" benutzt. Diese häufige Benutzung des Wortes resultiert aber allein auf der Tatsache, dass jede Person einen Konflikt nach eigenem Empfinden als Mobbing definiert und die allgemeine Definition nach Heinz Leymann kaum bekannt ist. Gehen die betroffenen Personen nun also von

Mobbing aus, wird von einem Prozess gesprochen, welcher ab dem Zeitpunkt beginnt, wo die betroffene Person sich gemobbt und mit der Situation über einen längeren Zeitraum unwohl fühlt. Dieser Prozess wirkt sich negativ auf die Person und deren Umfeld aus und ohne Hilfe einer neutralen Stelle kann dieser nicht beendet werden. Daher versucht man bereits im Vorfeld einen solchen Mobbingprozess nicht entstehen zu lassen. Hierzu werden Präventionsmaßnahmen entwickelt, wodurch Mobbing kein Thema mehr in den Behörden sein sollte.

Die Online-Umfrage hat einen Einblick gegeben, dass das Thema Mobbing in Behörden noch immer aktuell ist, Mobbing an der Tagesordnung steht und das Betriebsklima hierunter leidet. Präventionsmaßnahmen innerhalb der Behörden sind nicht vorhanden, bzw. sind im Durchschnitt nur ausreichend bekannt, sodass das Thema innerhalb des öffentlichen Dienstes noch immer unbeliebt ist und man diesem am liebsten aus dem Weg gehen möchte. So lange es Konflikte gibt – welche es immer geben wird – und man hier nicht entsprechend entgegenwirkt, so lange wird auch Mobbing ein Thema im öffentlichen Dienst sein. Durch umfangreiche Aufklärung, wie Mobbing definiert wird und verstanden werden muss, können erste Konflikte vor der Entstehung von Mobbing bereits beseitigt werden.

5   Literaturverzeichnis

Ausfelder (2001):............................. Mobbing Konflikte am Arbeitsplatz
erkennen, offen legen und lösen.
München: Heyne

Beermann, Meschkutat (1995):......... Psychosoziale Faktoren am Arbeitsplatz unter Berücksichtigung
von Streß und Belästigung.
Bremerhaven: Wirtschaftsverl.
NW, Verl. für Neue Wissenschaft

Dick (2001):...................................... Keine Angst vor Mobbingfallen Mit
schwierigen Situationen im Berufs-
leben   umgehen.
Frankfurt/Main: Eichborn

Honsa (2008): .... Mobbing und sexuelle Belästigung
im   öffentlichen Dienst.
Berlin: Schmidt

Leymann (2009): .... Mobbing Psychoterror am Arbeitsplatz und wie man sich dagegen
wehren   kann.
Reinbek bei Hamburg: Rowohlt Taschenbuch Verlag

Wehrle (2012): .... Am liebsten hasse ich Kollegen –
Wie man den Büroalltag überlebt.
München: Knaur Taschenbuch
Verl.

6   Quellenverzeichnis

BmFSFJ (2018): ....Hintergrundmeldung 20.06.2018. Zugriff
am 04.12.2018 um 18:02 Uhr. Verfügbar
unter: https://www.bmfsfj.de/the-
men/kinder-und-jugend/medienkompe-
tenz/was-ist-cybermobbing-/86484

Esser, Axel (2000): ....„Mobbing". Zugriff am 04.12.2018 um
17:42   Uhr.   Verfügbar   unter:
http://www.esser-seminare.de/uplo-
ads/media/AiB_Mobbing.pdf

Hartmann, Sebastian (o.J.): ....„Mobbing". Zugriff am 11.12.2018 um
19:31 Uhr. Verfügbar unter: https://die-
juristerei.de/mobbing/

Mai, Jochen (2018): ....„Bossing, wenn der Chef mobbt...". Zugriff am 04.12.2018 um 17:34 Uhr. Ver-
fügbar   unter: https://karrierebi-
bel.de/bossing/#Bossing-Definition-Die-
Chefschikane-hat-viele-Gesichter

o.V. (2017): ....„5 Arten des Mobbings". Zugriff am
04.12.2018 um 18:28 Uhr. Verfügbar un-
ter: https://gedankenwelt.de/5-arten-
des-mobbings/

Zapf, Dieter (1999): ....„Mobbing in Organisationen – Überblick
zum Stand der Forschung". Zugriff am
06.12.2018 um 16:31 Uhr. Verfügbar unter: https://www.uni-frank-
furt.de/45701953/zapf_ zao_1999.pdf

7   Anlagen

Anlage 1:....... Die 45 Mobbinghandlungen – was die „Mobber" tun (übernommen aus Leymann, 2009, S.33, 34)

Anlage 2:....... Online-Umfrage „Mobbing in Behörden"

Anlage 3:....... Gesamtergebnis/Auswertung der Online-Umfrage „Mobbing in Behörden"

7.1   Anlage 1

Die 45 Handlungen – was die „Mobber" tun

von Heinz Leymann, 2009, Mobbing Psychoterror am Arbeitsplatz und wie man sich dagegen wehren kann. Reinbek bei Hamburg: Rowohlt Taschenbuch Verlag, Seite 33 und 34 übernommen.

„Hier folgt nun eine Auflistung der 45 Handlungen, von denen uns in jenen 300 erwähnten Interviews berichtet wurde.

1. Angriffe auf die Möglichkeiten, sich mitzuteilen:
   - Der Vorgesetzte schränkt die Möglichkeiten ein, sich zu äußern.
   - Man wird ständig unterbrochen.
   - Kollegen schränken die Möglichkeiten ein, sich zu äußern.
   - Anschreien oder lautes Schimpfen.
   - Ständige Kritik an der Arbeit.
   - Ständige Kritik am Privatleben.
   - Telefonterror.
   - Mündliche Drohungen.
   - Schriftliche Drohungen.
   - Kontaktverweigerung durch abwertende Blicke oder Gesten.
   - Kontaktverweigerung durch Andeutungen, ohne dass man etwas direkt ausspricht.

2. Angriffe auf die sozialen Beziehungen:
   - Man spricht nicht mehr mit dem Betroffenen.
   - Man lässt sich nicht ansprechen.
   - Versetzung in einen Raum weitab von den Kollegen.
   - Den Arbeitskollegen wird verboten, den Betroffenen anzusprechen.
   - Man wird „wie Luft" behandelt.

3. Auswirkungen auf das soziale Ansehen:
   - Hinter dem Rücken des Betroffenen wird schlecht über ihn gesprochen.
   - Man verbreitet Gerüchte.
   - Man macht jemanden lächerlich.
   - Man verdächtigt jemanden, psychisch krank zu sein.
   - Man will jemanden zu einer psychiatrischen Untersuchung zwingen.
   - Man macht sich über eine Behinderung lustig.

16

- Man imitiert den Gang, die Stimme oder Gesten, um jemanden lächerlich zu machen.
- Man greift die politische oder religiöse Einstellung an.
- Man macht sich über das Privatleben lustig.
- Man macht sich über die Nationalität lustig.
- Man zwingt jemanden, Arbeiten auszuführen, die das Selbstbewusstsein verletzen.
- Man beurteilt den Arbeitseinsatz in falscher und kränkender Weise.
- Man stellt die Entscheidungen des/der Betroffenen in Frage.
- Man ruft ihm obszöne Schimpfworte oder andere entwürdigende Ausdrücke nach.
- Sexuelle Annäherungen oder verbale sexuelle Angebote.

4. Angriffe auf die Qualität der Berufs- und Lebenssituation:
- Man weist dem Betroffenen keine Arbeitsaufgaben zu.
- Man nimmt ihm jede Beschäftigung am Arbeitsplatz, so dass er sich nicht einmal selbst Aufgaben ausdenken kann.
- Man gibt ihm sinnlose Arbeitsaufgaben.
- Man gibt ihm Aufgaben weit unter seinem eigentlichen Können.
- Man gibt ihm ständig neue Aufgaben.
- Man gibt ihm „kränkende" Arbeitsaufgaben.
- Man gibt dem Betroffenen Arbeitsaufgaben, die seine Qualifikation übersteigen, um ihn zu diskreditieren.

5. Angriffe auf die Gesundheit:
- Zwang zu gesundheitsschädlichen Arbeiten.
- Androhung körperlicher Gewalt.
- Anwendung leichter Gewalt, zum Beispiel um jemandem einen „Denkzettel" zu verpassen.
- Körperliche Misshandlung.
- Man verursacht Kosten für den Betroffenen, um ihm zu schaden.
- Man richtet physischen Schaden im Heim oder am Arbeitsplatz des Betroffenen an.
- Sexuelle Handgreiflichkeiten."

7.2 Anlage 2

Mobbing in Behörden - Empfindung

Seite 1

Liebe Kolleginnen und Kollegen,
sehr geehrte Damen und Herren,

im Rahmen meines Studiums zum Diplom-Verwaltungswirt darf ich eine Hausarbeit zu dem Thema "Mobbing in Behörden" anfertigen. Hierfür habe ich mich für die Einbeziehung einer Online-Umfrage entschlossen. Mit dieser Umfrage möchte ich einen groben Überblick darüber erhalten, wie und was als Mobbing verstanden wird und ob Mobbing noch immer ein aktuelles Thema innerhalb deutscher Behörden ist.

Die Umfrage erfolgt natürlich anonym und sollte daher so ehrlich wie möglich - nach bestem Wissen und Gewissen - beantwortet werden. Der ausgefüllte Fragebogen und die gemachten Angaben werden nur im Rahmen dieser Hausarbeit verwendet und eine Weitergabe an Dritte erfolgt nicht.

Zur Vereinfachung der Lesbarkeit wird auf das Gendering in dem Fragebogen verzichtet und die männliche Form benutzt. Ich bitte um Verständnis.

Ich möchte mich bereits jetzt für die Teilnahme und Euren/Ihren Beitrag bedanken.

Dieser Fragebogen wird ca. 10 Minuten der wertvollen Lebenszeit in Anspruch nehmen. :-)

Viele Grüße
Jens Spaniel

Seite 2

Bevor wir beginnen, bitte ich erst um die Beantwortung von "persönlichen" Fragen. :-)

Ich arbeite in einer deutschen Behörde auf ....ebene *

Bitte wählen... ▼

In welcher Behörde sind Sie tätig?

Wie alt sind Sie? *

○ 16 - 20

○ 21 - 25

○ 26 - 30

○ 31 - 40

○ 41 - 50

○ 51 - 70

Seite 3

Nun ist es gleich soweit und wir können mit den "Mobbing-Fragen" beginnen. Vorab nur noch ein paar kurze Fragen zu Ihrem Arbeitsumfeld.

Wie fühlen Sie sich, wenn Sie an die folgenden Wörter denken? *

	+ + sehr gut	+ gut	- schlecht	. . sehr schlecht
meine Arbeit	○	○	○	○
Stress / Druck	○	○	○	○
meine Kollegen	○	○	○	○
mein Arbeitsplatz	○	○	○	○
Betriebsklima	○	○	○	○
mein Chef	○	○	○	○
morgens aufstehen	○	○	○	○
Fortbildung/Lehrgang/Seminar	○	○	○	○

Werden Sie derzeitig in Ihrer Behörde gemobbt, bzw. kennen Sie jemanden, der derzeit gemobbt wird? *

Mehrfachauswahl möglich

☐ Ich selbst werde gemobbt

☐ Ein Kollege wird gemobbt

☐ Ich bekomme hier von Mobbing nichts mit

☐ [_____]

Haben Sie selbst im Laufe des Jahres 2018 jemanden mal versehentlich oder absichtlich in Ihrer Behörde gemobbt? *

○ ja

○ nein

Sagen Ihnen die folgenden Begriffe etwas? *

Mehrfachauswahl ist möglich.

	ja	nein	selbst erlebt	selbst praktiziert
Bossing	☐	☐	☐	☐
Cyber-Mobbing	☐	☐	☐	☐
Gesten-Mobbing	☐	☐	☐	☐
Macht-Mobbing	☐	☐	☐	☐
Verhaltens-Mobbing	☐	☐	☐	☐

Seite 4

Jetzt wollen wir beginnen. Es geht im Folgenden darum, was Sie mit dem Begriff Mobbing verbinden.

Ich fühle mich gemobbt, wenn *

	ja	nein
ein Kollege mir gegenüber unangebrachte Kritik äußert	☐	☐
ein Kollege gegenüber mir ein "Konkurrenzdenken" hat	☐	☐
ein Kollege neidisch auf mich ist	☐	☐
mein Chef sich lustig über mich macht	☐	☐
ein Kollege mir nie "Guten Morgen" sagt (auch keinem Anderen)	☐	☐
ein Kollege mir nie "Guten Morgen" sagt (nur mir nicht)	☐	☐
zwei/mehrere Kollegen sich unterhalten und mich ausschließen	☐	☐
in meiner Gegenwart geflüstert wird	☐	☐
"hinter meinem Rücken" über mich gesprochen wird (negativ)	☐	☐
ein Kollege "Statistik" über mich führt (Pausen, Toilettengänge, etc.)	☐	☐
ein Kollege mich immer auf gemachte Fehler anspricht	☐	☐
ein Kollege mich immer genervt/böse anschaut	☐	☐
ein Kollege mit anderen Personen freundlicher spricht als mit mir	☐	☐
mein Chef anderen Kollegen immer bessere Arbeitsaufträge gibt	☐	☐
mein Chef andere Kollegen besser beurteilt	☐	☐
mein Chef und ich uns gegenseitig lustige Sprüche drücken	☐	☐

Seite 5

Weiter geht es jetzt um Fragen, die evtl. Ihnen derzeit wiederfahren.

Waren Sie innerhalb Ihrer Behörde im Laufe des Jahres 2018 einigen der folgenden Handlungen ausgesetzt?

1. In Bezug auf Ihre Kontakte *

Vielleicht werden Sie manchmal den Eindruck haben, dass eine Feststellung nicht richtig passt. Kreuzen Sie aber trotzdem immer eine der beiden Antworten an, und zwar die, welche am ehesten auf Sie zutrifft.

	trifft zu	trifft nicht zu
Ihr Vorgesetzter schränkt Ihre Möglichkeit, sich zu äußern, ein	☐	☐
Sie werden ständig unterbrochen	☐	☐
Andere Personen schränken Ihre Möglichkeit, sich zu äußern, ein	☐	☐
Man schreit Sie an, schimpft laut mit Ihnen	☐	☐
Ständige Kritik an Ihrer Arbeit	☐	☐
Ständige Kritik an Ihrem Privatleben	☐	☐
Telefonterror	☐	☐
mündliche Drohungen	☐	☐
schriftliche Drohungen	☐	☐
abwertende Blicke oder Gesten mit negativem Inhalt	☐	☐
Andeutungen, ohne dass man etwas direkt anspricht	☐	☐
Nichts von all dem	☐	☐

21

Seite 6

Waren Sie innerhalb Ihrer Behörde im Laufe des Jahres 2018 einigen der folgenden Handlungen ausgesetzt?

2. Sie werden systematisch isoliert: *

Vielleicht werden Sie manchmal den Eindruck haben, dass eine Feststellung nicht richtig passt. Kreuzen Sie aber trotzdem immer eine der beiden Antworten an, und zwar die, welche am ehesten auf Sie zutrifft.

	trifft zu	trifft nicht zu
Man spricht nicht mit Ihnen	☐	☐
Man will von Ihnen nicht angesprochen werden	☐	☐
Sie werden an einem Arbeitsplatz eingesetzt, an dem Sie von anderen isoliert sind	☐	☐
Den Arbeitskollegen wird verboten, mit Ihnen zu sprechen	☐	☐
Sie werden wie Luft behandelt	☐	☐
Sie erhalten schriftliche Drohungen	☐	☐
Nichts von all dem	☐	☐

Waren Sie innerhalb Ihrer Behörde im Laufe des Jahres 2018 einigen der folgenden Handlungen ausgesetzt?

3. Ihre Arbeitsaufgaben werden verändert, um Sie zu bestrafen *

Vielleicht werden Sie manchmal den Eindruck haben, dass eine Feststellung nicht richtig passt. Kreuzen Sie aber trotzdem immer eine der beiden Antworten an, und zwar die, welche am ehesten auf Sie zutrifft.

	trifft zu	trifft nicht zu
Sie bekommen keine Arbeitsaufgaben zugewiesen	☐	☐
Sie sind ohne (sinnvolle) Beschäftigung in der Arbeit	☐	☐
Sie bekommen sinnlose Aufgaben zugewiesen	☐	☐
Sie werden für gesundheitsgefährdende Arbeitsaufgaben eingesetzt	☐	☐
Sie erhalten Arbeitsaufgaben, die weit unter Ihrem Können liegen	☐	☐
Sie werden ständig zu neuen Arbeitsaufgaben eingeteilt	☐	☐
Sie erhalten "kränkende" Arbeitsaufgaben	☐	☐
Nichts von all dem	☐	☐

22

Seite 7

Waren Sie innerhalb Ihrer Behörde im Laufe des Jahres 2018 einigen der folgenden Handlungen ausgesetzt?

4. Angriffe auf Ihr Ansehen *

Vielleicht werden Sie manchmal den Eindruck haben, dass eine Feststellung nicht richtig passt. Kreuzen Sie aber trotzdem immer eine der beiden Antworten an, und zwar die, welche am ehesten auf Sie zutrifft.

	trifft zu	trifft nicht zu
Man spricht hinter Ihrem Rücken schlecht über Sie	☐	☐
Man will Sie zu einer psychiatrischen Untersuchung zwingen	☐	☐
Man verbreitet falsche Gerüchte über Sie	☐	☐
Man macht sich über eine Behinderung, die Sie haben, lustig	☐	☐
Man macht Sie vor anderen lächerlich	☐	☐
Man imitiert Ihren Gang, Ihre Stimme und Gesten, um Sie lächerlich zu machen	☐	☐
Man greift Ihre politische oder religiöse Einstellung oder dergleichen an	☐	☐
Man verdächtigt Sie, psychisch krank zu sein	☐	☐
Man greift Ihre Herkunft an, bzw. macht sich lustig darüber	☐	☐
Sie werden gezwungen, Arbeiten auszuführen, die Ihr Selbstbewusstsein verletzen	☐	☐
Man beurteilt Ihre Arbeit in falscher und/oder kränkender Art	☐	☐
Man stellt Ihre Entscheidungen in Frage	☐	☐
Man ruft Ihnen obszöne Schimpfworte oder andere entwürdigende Ausdrücke nach	☐	☐
Nichts von all dem	☐	☐

Waren Sie innerhalb Ihrer Behörde im Laufe des Jahres 2018 einigen der folgenden Handlungen ausgesetzt?

5. Gewaltandrohung *

Vielleicht werden Sie manchmal den Eindruck haben, dass eine Feststellung nicht richtig passt. Kreuzen Sie aber trotzdem immer eine der beiden Antworten an, und zwar die, welche am ehesten auf Sie zutrifft.

	trifft zu	trifft nicht zu
Sie werden zu Arbeiten gezwungen, die Ihrer Gesundheit schaden	☐	☐
Sie werden trotz Ihres "schlechten" Gesundheitszustandes zu gesundheitsschädlichen Arbeiten gezwungen	☐	☐
Man droht Ihnen mit körperlicher Gewalt	☐	☐
Man wendet leichte körperliche Gewalt gegen Sie an, um Ihnen z. B. einen Denkzettel zu verpassen	☐	☐
Sie werden körperlich misshandelt	☐	☐
Jemand richtet an Ihrem Arbeitsplatz Schaden an	☐	☐
Jemand verschickt in Ihrem Namen Nachrichten an andere Personen	☐	☐
Nichts von all dem	☐	☐

Seite 8

Stimmungscheck am Arbeitsplatz *

Vielleicht werden Sie manchmal den Eindruck haben, dass eine Feststellung nicht richtig passt. Kreuzen Sie aber trotzdem immer eine der beiden Antworten an, und zwar die, welche am ehesten auf Sie zutrifft.

	trifft zu	trifft nicht zu	trifft teilweise zu
Die Stimmung im Team / in der Abteilung ist dem Vorgesetzten gleichgültig	☐	☐	☐
Es herrscht starker Konkurrenzdruck unter den Kollegen	☐	☐	☐
Es gibt mindestens einen der folgenden Stressfaktoren: Zeitdruck, Unterbesetzung, Lärm, Hitze, Schmutz	☐	☐	☐
Private Kontakte unter Kollegen zählen eher zur Ausnahme	☐	☐	☐
Wenn der Vorgesetzte kommt, geht es meistens um Kritik. Lob oder Anerkennung gibt es kaum	☐	☐	☐
In der Dienststelle gelten starre Hierarchien. Eigenverantwortliches Arbeiten ist nicht gefragt	☐	☐	☐
Wichtige Informationen werden erst spät oder gar nicht mitgeteilt	☐	☐	☐
Konflikte unter den Kollegen werden oft unter den Teppich gekehrt.	☐	☐	☐
Es herrscht eine hohe Fluktuation	☐	☐	☐
Bei Änderungen (Arbeitsweise, EDV, etc.) werden die Mitarbeiter kaum, bzw. ungenügend vorbereitet/geschult	☐	☐	☐
Es gibt "Grüppchenbildungen" unter den Kollegen und ein Miteinander ist daher nicht gegeben	☐	☐	☐
Gerüchte und Tuscheleien gehören zur Tagesordnung	☐	☐	☐
Wenn jemand im Team/Abteilung einen Fehler macht, sorgen Kollegen dafür, dass es der Vorgesetzte erfährt	☐	☐	☐
Intrigen und Neid sind in der Abteilung vorhanden	☐	☐	☐
Der Chef ist oft launisch, unberechenbar oder duldet keinen Widerspruch	☐	☐	☐
Die Anweisungen von oben sind oft unklar oder widersprüchlich. Keiner weiß so recht, was er tun bzw. wie er sich verhalten soll	☐	☐	☐

Seite 9

Was halten Sie von den vorhandenen Maßnahmen in Ihrer Behörde zur Mobbing-Abwehr?

Sofern Sie bisher noch nichts diesbezüglich gehört haben oder keine Kenntnisse über etwaige Maßnahmen haben, geben Sie bitte 0 % (Könnte besser sein) an.

Könnte besser sein [   ] Ich bin zufrieden

Es ist geschafft und die Online-Umfrage wurde erfolgreich beendet. Wie bereits zuvor erwähnt, bleiben sämtliche Werte anonym und werden nur im Rahmen der Hausarbeit als "Gesamtergebnis aller Fragebögen" verarbeitet.

Ich bedanke mich herzlich für die Teilnahme und wünsche Ihnen einen schönen Tag.

Viele Grüße
Jens Spaniel

Die Umfrage ist beendet. Vielen Dank für die Teilnahme.

Das Fenster kann nun geschlossen werden.

7.3 Anlage 3

Mobbing in Behörden - Empfindung

1. Ich arbeite in einer deutschen Behörde auf ....ebene *

Anzahl Teilnehmer: 94

78 (83.0%): Bundes

- (0.0%): Landes

16 (17.0%): kommunaler

- (0.0%): sonstiger

2. In welcher Behörde sind Sie tätig?

Anzahl Teilnehmer: 82

3. Wie alt sind Sie? *

Anzahl Teilnehmer: 94

- (0.0%): 16 - 20

12 (12.8%): 21 - 25

34 (36.2%): 26 - 30

35 (37.2%): 31 - 40

6 (6.4%): 41 - 50

7 (7.4%): 51 - 70

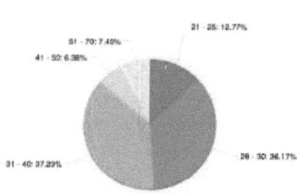

4. Wie fühlen Sie sich, wenn Sie an die folgenden Wörter denken? *

Anzahl Teilnehmer: 94

	++ sehr gut (1)		* gut (2)		- schlecht (3)		-- sehr schlecht (4)		Arithmetisches Mittel (∅)						
	Σ	%	Σ	%	Σ	%	Σ	%	∅	±	1	2	3	4
meine Arbeit	19x	20,21	69x	73,40	6x	6,38	-	-	1,86	0,50				
Stress / Druck	4x	4,26	43x	45,74	40x	42,55	7x	7,45	2,53	0,70				
meine Kollegen	43x	45,74	46x	48,94	5x	5,32	-	-	1,60	0,59				
mein Arbeitsplatz	17x	18,09	69x	73,40	8x	8,51	-	-	1,90	0,51				
Betriebsklima	22x	23,40	59x	62,77	12x	12,77	1x	1,06	1,91	0,63				
mein Chef	27x	28,72	50x	53,19	11x	11,70	6x	6,38	1,96	0,82				
morgens aufstehen	9x	9,57	50x	53,19	30x	31,91	5x	5,32	2,33	0,72				
Fortbildung/Lehrgang/Semin...	15x	15,96	60x	63,83	16x	17,02	3x	3,19	2,07	0,68				

Standardabweichung (±)

25

5. Werden Sie derzeitig in Ihrer Behörde gemobbt, bzw. kennen Sie jemanden, der derzeit gemobbt wird? *

Anzahl Teilnehmer: 94

4 (4.3%): Ich selbst werde gemobbt

21 (22.3%): Ein Kollege wird gemobbt

64 (68.1%): Ich bekomme hier von Mobbing nichts mit

12 (12.8%): Andere

Antwort(en) aus dem Zusatzfeld:

- Eine Kollegin wurde gemobbt
- habe von Mobbing in anderen Abteilungen gehört
- ich selber wurde nie gemobbt jedoch sind mir Fälle im Haus bekannt
- ich wurde früher gemobbt.
- Eine Kollegin mobbt gerne Kollegen, die wenig Gegenwehr geben.
- In meiner Abteilung herrscht ein gutes Klima. Für die anderen Abteilungen in meiner Behörde kann ich das nicht bewerten.
- kein direktes Mobbing, aber diffamierende Aussagen über einzelne Bevölkerungsgruppen
- mehrere Kolleg*innen
- naja, ich fühle mich gemobbt. Ob Leute das auch so meinen...
- Das Verhalten einiger Referenten grenzt an Mobbing
- Es wurde in der Vergangenheit eine Kollegin gemobbt
- vom Vorgesetzten und 1 Kollegin

6. Haben Sie selbst im Laufe des Jahres 2018 jemanden mal versehentlich oder absichtlich in Ihrer Behörde gemobbt? *

Anzahl Teilnehmer: 94

8 (8.5%): ja

86 (91.5%): nein

ja: 8.51%

nein: 91.49%

7. Sagen Ihnen die folgenden Begriffe etwas? *

Anzahl Teilnehmer: 94

	ja		nein		selbst erlebt		selbst praktiziert	
	Σ	%	Σ	%	Σ	%	Σ	%
Bossing	45x	47,87	49x	52,13	6x	6,38	-	-
Cyber-Mobbing	93x	98,94	1x	1,06	3x	3,19	1x	1,06
Gesten-Mobbing	38x	40,43	56x	59,57	3x	3,19	-	-
Macht-Mobbing	61x	64,89	33x	35,11	7x	7,45	-	-
Verhaltens-Mobbing	54x	57,45	40x	42,55	3x	3,19	2x	2,13

8. Ich fühle mich gemobbt, wenn *

Anzahl Teilnehmer: 94

	ja		nein	
	Σ	%	Σ	%
ein Kollege mir gegenüber unangebrachte Kritik äußert	28x	29,79	66x	70,21
ein Kollege gegenüber mir ein "Konkurrenzdenken" hat	9x	9,57	85x	90,43
ein Kollege neidisch auf mich ist	8x	8,51	86x	91,49
mein Chef sich lustig über mich macht	67x	71,28	27x	28,72
ein Kollege mir nie "Guten Morgen" sagt (auch keinem Anderen)	1x	1,06	93x	98,94
ein Kollege mir nie "Guten Morgen" sagt (nur mir nicht)	71x	75,53	23x	24,47
zwei/mehrere Kollegen sich unterhalten und mich ausschließen	38x	40,43	56x	59,57
in meiner Gegenwart geflüstert wird	37x	39,36	57x	60,64
"hinter meinem Rücken" über mich gesprochen wird (negativ)	77x	81,91	18x	19,15
ein Kollege "Statistik" über mich führt (Pausen, Toilettengänge, etc.)	84x	89,36	10x	10,64
ein Kollege mich immer auf gemachte Fehler anspricht	29x	30,85	65x	69,15
ein Kollege mich immer genervt/böse anschaut	38x	40,43	56x	59,57
ein Kollege mit anderen Personen freundlicher spricht als mit mir	19x	20,21	75x	79,79
mein Chef anderen Kollegen immer bessere Arbeitsaufträge gibt	48x	51,06	49x	52,13
mein Chef andere Kollegen besser beurteilt	36x	38,30	62x	65,96
mein Chef und ich uns gegenseitig lustige Sprüche drücken	-	-	94x	100,00

9. Waren Sie innerhalb Ihrer Behörde im Laufe des Jahres 2018 einigen der folgenden Handlungen ausgesetzt?

1. In Bezug auf Ihre Kontakte *

Anzahl Teilnehmer: 93

	trifft zu		trifft nicht zu	
	Σ	%	Σ	%
Ihr Vorgesetzter schränkt Ihre Möglichkeit, sich zu äußern, ein	19x	20,43	74x	79,57
Sie werden ständig unterbrochen	18x	19,35	75x	80,65
Andere Personen schränken Ihre Möglichkeit, sich zu äußern, ein	16x	17,20	77x	82,80
Man schreit Sie an, schimpft laut mit Ihnen	5x	5,38	88x	94,62
Ständige Kritik an Ihrer Arbeit	6x	6,45	87x	93,55
Ständige Kritik an Ihrem Privatleben	-	-	93x	100,00
Telefonterror	2x	2,15	91x	97,85
mündliche Drohungen	5x	5,38	88x	94,62
schriftliche Drohungen	-	-	93x	100,00
abwertende Blicke oder Gesten mit negativem Inhalt	15x	16,13	78x	83,87
Andeutungen, ohne dass man etwas direkt anspricht	22x	23,66	71x	76,34
Nichts von all dem	50x	53,76	45x	48,39

10. Waren Sie innerhalb Ihrer Behörde im Laufe des Jahres 2018 einigen der folgenden Handlungen ausgesetzt?

2. Sie werden systematisch isoliert: *

Anzahl Teilnehmer: 93

	trifft zu		trifft nicht zu	
	Σ	%	Σ	%
Man spricht nicht mit Ihnen	7x	7,53	86x	92,47
Man will von Ihnen nicht angesprochen werden	4x	4,30	89x	95,70
Sie werden an einem Arbeitsplatz eingesetzt, an dem Sie von anderen isoliert sind	3x	3,23	90x	96,77
Den Arbeitskollegen wird verboten, mit Ihnen zu sprechen	1x	1,08	92x	98,92
Sie werden wie Luft behandelt	7x	7,53	86x	92,47
Sie erhalten schriftliche Drohungen	-	-	93x	100,00
Nichts von all dem	62x	66,67	31x	33,33

11. Waren Sie innerhalb Ihrer Behörde im Laufe des Jahres 2018 einigen der folgenden Handlungen ausgesetzt?

3. Ihre Arbeitsaufgaben werden verändert, um Sie zu bestrafen *

Anzahl Teilnehmer: 93

	trifft zu		trifft nicht zu	
	Σ	%	Σ	%
Sie bekommen keine Arbeitsaufgaben zugewiesen	3x	3,23	90x	96,77
Sie sind ohne (sinnvolle) Beschäftigung in der Arbeit	9x	9,68	84x	90,32
Sie bekommen sinnlose Aufgaben zugewiesen	8x	8,60	85x	91,40
Sie werden für gesundheitsgefährdende Arbeitsaufgaben eingesetzt	1x	1,08	92x	98,92
Sie erhalten Arbeitsaufgaben, die weit unter Ihrem Können liegen	17x	18,28	77x	82,80
Sie werden ständig zu neuen Arbeitsaufgaben eingeteilt	14x	15,05	79x	84,95
Sie erhalten "kränkende" Arbeitsaufgaben	1x	1,08	92x	98,92
Nichts von all dem	52x	55,91	42x	45,16

12. Waren Sie innerhalb Ihrer Behörde im Laufe des Jahres 2018 einigen der folgenden Handlungen ausgesetzt?

4. Angriffe auf Ihr Ansehen *

Anzahl Teilnehmer: 93

	trifft zu		trifft nicht zu	
	Σ	%	Σ	%
Man spricht hinter Ihrem Rücken schlecht über Sie	19x	20,43	74x	79,57
Man will Sie zu einer psychiatrischen Untersuchung zwingen	-	-	93x	100,00
Man verbreitet falsche Gerüchte über Sie	14x	15,05	79x	84,95
Man macht sich über eine Behinderung, die Sie haben, lustig	-	-	93x	100,00
Man macht Sie vor anderen lächerlich	8x	8,60	86x	92,47
Man imitiert Ihren Gang, Ihre Stimme und Gesten, um Sie lächerlich zu machen	1x	1,08	92x	98,92
Man greift Ihre politische oder religiöse Einstellung oder dergleichen an	6x	6,45	87x	93,55
Man verdächtigt Sie, psychisch krank zu sein	-	-	93x	100,00
Man greift Ihre Herkunft an, bzw. macht sich lustig darüber	9x	9,68	85x	91,40
Sie werden gezwungen, Arbeiten auszuführen, die Ihr Selbstbewusstsein verletzen	2x	2,15	91x	97,85
Man beurteilt Ihre Arbeit in falscher und/oder kränkender Art	13x	13,98	81x	87,10
Man stellt Ihre Entscheidungen in Frage	25x	26,88	69x	74,19
Man ruft Ihnen obszöne Schimpfworte oder andere entwürdigende Ausdrücke nach	1x	1,08	92x	98,92
Nichts von all dem	48x	51,61	46x	49,46

13. Waren Sie innerhalb ihrer Behörde im Laufe des Jahres 2018 einigen der folgenden Handlungen ausgesetzt?

5. Gewaltandrohung *

Anzahl Teilnehmer: 93

	trifft zu		trifft nicht zu	
	Σ	%	Σ	%
Sie werden zu Arbeiten gezwungen, die Ihrer Gesundheit schaden	1x	1,08	92x	98,92
Sie werden trotz Ihres "schlechten" Gesundheitszustandes zu gesundheitsschädlichen Arbeiten gezwungen	2x	2,15	91x	97,85
Man droht Ihnen mit körperlicher Gewalt	-	-	93x	100,00
Man wendet leichte körperliche Gewalt gegen Sie an, um Ihnen z. B. einen Denkzettel zu verpassen	-	-	93x	100,00
Sie werden körperlich misshandelt	-	-	93x	100,00
Jemand richtet an Ihrem Arbeitsplatz Schaden an	2x	2,15	91x	97,85
Jemand verschickt in Ihrem Namen Nachrichten an andere Personen	1x	1,08	92x	98,92
Nichts von all dem	69x	74,19	26x	27,96

14. Stimmungscheck am Arbeitsplatz *

Anzahl Teilnehmer: 93

	trifft zu		trifft nicht zu		trifft teilweise zu	
	Σ	%	Σ	%	Σ	%
Die Stimmung im Team / in der Abteilung ist dem Vorgesetzten gleichgültig	10x	10,75	59x	63,44	24x	25,81
Es herrscht starker Konkurrenzdruck unter den Kollegen	10x	10,75	61x	65,59	22x	23,66
Es gibt mindestens einen der folgenden Stressfaktoren: Zeitdruck, Unterbesetzung, Lärm, Hitze, Schmutz	59x	63,44	17x	18,28	17x	18,28
Private Kontakte unter Kollegen zählen eher zur Ausnahme	18x	19,35	51x	54,84	24x	25,81
Wenn der Vorgesetzte kommt, geht es meistens um Kritik. Lob oder Anerkennung gibt es kaum	9x	9,68	65x	69,89	20x	21,51
In der Dienststelle gelten starre Hierarchien. Eigenverantwortliches Arbeiten ist nicht gefragt	5x	5,38	59x	63,44	29x	31,18
Wichtige Informationen werden erst spät oder gar nicht mitgeteilt	18x	19,35	35x	37,63	40x	43,01
Konflikte unter den Kollegen werden oft unter den Teppich gekehrt.	19x	20,43	35x	37,63	39x	41,94
Es herrscht eine hohe Fluktuation	24x	25,81	41x	44,09	28x	30,11
Bei Änderungen (Arbeitsweise, EDV, etc.) werden die Mitarbeiter kaum, bzw. ungenügend vorbereitet/geschult	16x	17,20	43x	46,24	35x	37,63
Es gibt "Grüppchenbildungen" unter den Kollegen und ein Miteinander ist daher nicht gegeben	15x	16,13	41x	44,09	37x	39,78
Gerüchte und Tuscheleien gehören zur Tagesordnung	19x	20,43	49x	52,69	25x	26,88
Wenn jemand im Team/Abteilung einen Fehler macht, sorgen Kollegen dafür, dass es der Vorgesetzte erfährt	6x	6,45	67x	72,04	20x	21,51
Intrigen und Neid sind in der Abteilung vorhanden	14x	15,05	63x	67,74	16x	17,20
Der Chef ist oft launisch, unberechenbar oder duldet keinen Widerspruch	10x	10,75	72x	77,42	11x	11,83
Die Anweisungen von oben sind oft unklar oder widersprüchlich. Keiner weiß so recht, was er tun bzw. wie er sich verhalten soll	14x	15,05	48x	51,61	32x	34,41

15. Was halten Sie von den vorhandenen Maßnahmen in ihrer Behörde zur Mobbing-Abwehr?

Anzahl Teilnehmer: 93

0 = Könnte besser sein
100 = Ich bin zufrieden

Arithmetisches Mittel: 24,41

Mittlere absolute Abweichung: 28,05

Standardabweichung: 32,49